BEI GRIN MACHT SICH IHR WISSEN BEZAHLT

- Wir veröffentlichen Ihre Hausarbeit,
  Bachelor- und Masterarbeit

- Ihr eigenes eBook und Buch -
  weltweit in allen wichtigen Shops

- Verdienen Sie an jedem Verkauf

Jetzt bei www.GRIN.com hochladen
und kostenlos publizieren

Daniela Kuck

Apekte der Erziehungsberatung

GRIN Verlag

Bibliografische Information der Deutschen Nationalbibliothek:

Die Deutsche Bibliothek verzeichnet diese Publikation in der Deutschen National-
bibliografie; detaillierte bibliografische Daten sind im Internet über http://dnb.d-
nb.de/ abrufbar.

Dieses Werk sowie alle darin enthaltenen einzelnen Beiträge und Abbildungen
sind urheberrechtlich geschützt. Jede Verwertung, die nicht ausdrücklich vom
Urheberrechtsschutz zugelassen ist, bedarf der vorherigen Zustimmung des Verla-
ges. Das gilt insbesondere für Vervielfältigungen, Bearbeitungen, Übersetzungen,
Mikroverfilmungen, Auswertungen durch Datenbanken und für die Einspeicherung
und Verarbeitung in elektronische Systeme. Alle Rechte, auch die des auszugsweisen
Nachdrucks, der fotomechanischen Wiedergabe (einschließlich Mikrokopie) sowie
der Auswertung durch Datenbanken oder ähnliche Einrichtungen, vorbehalten.

Impressum:

Copyright © 2013 GRIN Verlag GmbH
Druck und Bindung: Books on Demand GmbH, Norderstedt Germany
ISBN: 978-3-656-62140-9

Dieses Buch bei GRIN:

http://www.grin.com/de/e-book/270659/apekte-der-erziehungsberatung

GRIN - Your knowledge has value

Der GRIN Verlag publiziert seit 1998 wissenschaftliche Arbeiten von Studenten, Hochschullehrern und anderen Akademikern als eBook und gedrucktes Buch. Die Verlagswebsite www.grin.com ist die ideale Plattform zur Veröffentlichung von Hausarbeiten, Abschlussarbeiten, wissenschaftlichen Aufsätzen, Dissertationen und Fachbüchern.

Besuchen Sie uns im Internet:

http://www.grin.com/

http://www.facebook.com/grincom

http://www.twitter.com/grin_com

UNIVERSITÄT AUGSBURG
PHILOSOPHISCH-SOZIALWISSENSCHAFTLICHE FAKULTÄT
Professur für Pädagogik mit Schwerpunkt Erwachsenen- und Weiterbildung

---

Wintersemester 2012/2013

Seminar
Gesprächsführung in der Erziehungsberatung

Aspekte der Erziehungsberatung

Verfasser
Daniela Kuck

Abgabe
31. März 2013

Kuck, Daniela
B.A. Erziehungswissenschaft, 5. Semester

INHALTSVERZEICHNIS Seite

1 Einleitung

Erziehungsberatung findet heute immer und überall statt. Sei es unter Freunden und Bekannten, wenn schlichtweg Ratschläge ausgetauscht werden, über das Internet (professionell oder laienhaft), in den Medien durch Zeitung oder Fernsehen oder in einer professionellen Familien- und Erziehungsberatungsstelle.

Es gibt für die Klienten viele verschiedene Anlässe eine solche Beratungsstelle aufzusuchen. Für die Berater gibt es vielfältige Konflikte, mit denen sie umgehen müssen. Die Berater müssen viele Voraussetzungen mitbringen, um erfolgreich beraten zu können, die Qualität muss stetig überwacht werden und immer auf einem hohen Niveau sein. Weiterhin kann der Berater kann verschiedene Methoden der Beratung einsetzen. Auf all diese Punkte versucht die folgende Arbeit auszugsweise einzugehen, ohne Anspruch auf Vollständigkeit.

2 Allgemeines zur Erziehungsberatung

2.1 Definition

Die Erziehungsberatung ist einerseits durch das Kinder- und Jugendhilfegesetz im Paragraph 27, andererseits durch die Praxis in den Erziehungsberatungsstellen definiert. Nach dem Kinder- und Jugendhilfegesetz sollen die Erziehungsberatungs-stellen Kinder, Jugendliche und Erziehungsberechtigte bei Trennung und Scheidung unterstützen, zur Lösung von Erziehungsfragen beitragen und zur Klärung und Überwindung individueller und familienbezogener Problemlagen verhelfen (vgl. Hundsalz 1995). Natürlich wird diese gesetzliche Definition, wie bereits erwähnt, erweitert durch die Fragestellungen, die in der Praxis bei den Ratsuchenden auftreten. Dies können beispielsweise emotionale Probleme (z.B. Ängste, Einsamkeit), soziale Probleme (z.B. Kontaktschwierigkeiten, Aggressionen), Schul-probleme (z.B. Schulschwänzen, Leistungsversagen), familiäre Probleme (z.B. kör-perliche Gewalt) oder psychosomatische Probleme (z.B. Bettnässen, Essstörungen) sein (vgl. Hundsalz 1995). Das Kinder- und Jugendhilfegesetz formuliert weiterhin, dass Fachkräfte aus verschiedenen Fachbereichen zusammenarbeiten und mit verschiedenen Methodiken vertraut sein sollten. Dies geschieht in der Praxis, indem in den Beratungsstellen viele verschiedene Berufsgruppen (zusammen-)arbeiten, wie zum Beispiel Sozialpädagogen, Sozialarbeiter, Psychologen, Ärzte, Therapeuten und

Pädagogen. "Außerdem kommen verschiedene (psycho-)therapeutische Methoden wie z.B. analytische, gesprächspsychotherapeutische, verhaltenstherapeutische und familientherapeutische Verfahren zum Einsatz" (Hundsalz 1995). Durch verschiedene Beratungsformen, wie zum Beispiel Elternberatung, Familienberatung, Gruppen- oder Einzeltherapie, können sich die Berater immer individuelle auf den Klienten und sein Problem einstellen. Die Beratung basiert basiert immer auf Freiwilligkeit und unterliegt dem Datenschutz.

2.2 Qualitätssicherung in der Beratung

Wenn man die Qualität einer bestimmten Sache begutachten will, kann man dies natürlich aus verschiedenen Blickwinkeln und Sichtweisen tun. So auch bei der Beratung. Man kann die Qualität aus Sicht der Berater, der Ratsuchenden, des Staates, der Einrichtung oder der Forschung beurteilen (vgl. Hörmann u.a. 2008). Als Instrument zur Qualitätssicherung dient meist die Evaluation. Hier wird meist die fachliche Qualität der Arbeit, sowie Struktur und Organisation der Beratungsstelle auf Verbesserungen überprüft (vgl. Menne 1998). In der Praxis stehen die Berater diesem Prozess jedoch eher skeptisch und reserviert gegenüber. Sie befürchten eine Bürokratisierung und Einschränkung ihrer Handlungs- und Entscheidungsfreiheit (vgl. ebd.). Sie sehen in der Evaluation teilweise sogar einen Vorwand, um personelle oder materielle Einsparungen zu treffen. Evaluationen sind jedoch notwendig, um eine gezielte Bewertung und Reflexion i der Praxis anzustreben, vor allem aufgrund der sich verändernden Probleme der Klienten, mit denen die Berater tagtäglich konfrontiert sind. Auch der soziale Wandel und die damit verbundenen Belastungen für Kinder und Eltern müssen reflektiert werden. Hier reichen Team- und Fallbesprechungen und Supervision nicht mehr aus (vgl. ebd.).

Um eine Evaluation erfolgreich durchführen zu können, bedarf es einer Konkretisierung der Fragestellungen. Die Ergebnisevaluation zeigt dann die Effektivität und Effizienz der Arbeit und analysiert die Auswirkungen, den Erfolg der durchgeführten Maßnahmen. Bei der Prozessevaluation geht es um die Art der Durchführung, also die konkreten Arbeitsprozesse. Innerhalb der Strukturevaluation werden organisatorische Voraussetzungen, Rahmenbedingungen und die Qualität der Arbeit betrachtet (vgl. ebd.). All diese Evaluationsprozesse können intern oder extern durchgeführt werden.

Bezogen auf die Strukturqualität einer Einrichtung ist es wichtig, dass Gebührenfreiheit, Freiwilligkeit und Vertraulichkeit vorhanden sind (vgl. ebd.). Weiterhin sollte der Zugang zur Beratung niedrigschwellig sein, also nicht durch lange Wartezeiten, ungünstige Öffnungszeiten oder lange Anfahrtswege versperrt oder erschwert sein. Es sollten kurzfristig Beratungstermine für Notfälle angeboten werden können und das Anmeldeverfahren sollte einfach und unbürokratisch sein. Die Einrichtung sollte mit anderen Institutionen kooperieren und zusammenarbeiten und im Team sollten mehrere verschieden qualifizierte Fachkräfte arbeiten.

Schaut man sich die Prozessqualität näher an, geht es wie bereits bei der Strukturqualität darum, gezielt verschiedene Spezialisierungen und Qualifikationen einzusetzen (vgl. ebd.). Auch, dass ein individueller Beratungs- und Therapieplan erstellt wird, ist ein Qualitätskriterium (vgl. ebd.). Die Einrichtung sollte sich in ihren Arbeitsschritten transparent zeigen und die Klienten an Entscheidungsprozessen beteiligen. Natürlich spielt auch die Zufriedenheit der Ratsuchenden eine große Rolle bei der Beurteilung der Qualität einer Einrichtung, da sie einen großen Einfluss auf den Beratungserfolg hat (vgl. ebd.).

Mittelpunkt des öffentlichen Interesses ist meist die Ergebnisqualität (vgl. ebd.). Hier kommt es vor allem Kommunikation zwischen Klient und Berater an. Der Ratsuchende sollte ermutigt werden, ohne Angst über Gefühle und Erfahrungen zu reden. Auch wichtig ist, inwieweit sich die Ratschläge oder Lösungsvorschläge des Beraters in den Alltag des Klienten integrieren bzw. umsetzen lassen und auch, ob die Probleme bewältigt werden konnten (vgl. ebd.). Weiterhin spielt auch bei der Ergebnisqualität die Zufriedenheit der Klienten eine große Rolle, insbesondere in Bezug auf die Erreichung der individuell gesetzten Ziele.

2.3 Stadt-Land-Unterschiede

Stadt-Land-Unterschiede in der Erziehungsberatung werden relativ selten betrachtet. Die städtischen sozialen Probleme lassen sich scheinbar nicht einfach auf ländliche Regionen übertragen (vgl. Hundsalz 1995). In Großstädten und Ballungsgebieten treten die Probleme logischerweise konzentrierter auf als auf dem Land. Die Gründe hierfür sind eine höhere soziale Belastung, beispielsweise durch einen höheren Anteil an Arbeitslosen, Sozialhilfeempfängern, Alleinerziehenden und ausländischen Familien. Auch höhere Scheidungszahlen, spätere Heirat, sinkende Kinderzahlen und die Erwerbstätigkeit beider Elternteile sind Kernprobleme der Städte (vgl. Kurz-Adam u.a. 1995). Dies erklärt auch die bessere Versorgung mit Beratungsstellen in den Städten im Vergleich zu ländlichen Gebieten.

All dies heißt jedoch nicht, dass die Probleme der Menschen auf dem Land weniger ernst zu nehmen sind oder gar geringere Anforderungen an eine Beratung stellen. Untersuchungen zeigen eher auffallend viele Gemeinsamkeiten bei den Anmeldegründen zwischen Kindern und Eltern vom Land und aus der Stadt (vgl. Hundsalz 1995). Psychische Probleme, Leistungsschwierigkeiten, Aggressionsprobleme und Kombinationen aus mehreren Problemen traten in Stadt und Land gleichermaßen häufig auf (vgl. Hundsalz 1995). Auch die Konzeptionen, mit denen die Beratungsstellen auf die genannten Probleme reagieren sind weitestgehend identisch, ob in der Stadt oder auf dem Land und auch bei den Angeboten der Beratungsstellen gibt es keine großen Unterschiede (vgl. Hundsalz 1995).

Doch wo gibt es nun Unterschiede? Hier sind ganz klar die Handlungs-und Orientierungsmuster der Bewohner auf dem Land zu nennen. Denn trotz zunehmender Urbanisierung weist die ländliche Familie, solange sie nicht in unmittelbarer Nähe einer Großstadt wohnt, eine durchaus stärker patriarchalische Struktur auf (vgl. Hundsalz 1995). Die Frauen erfüllen die Aufgaben der Betreuung und Erziehung der Kinder und erledigen den Haushalt. Sie sind eventuell in den Familienbetrieb eingebunden und/oder pflegen ältere Familienangehörige. Die Männer der Familie grenzen sich ab vom häuslichen Leben, sind vielleicht als Pendler viel unterwegs und verbringen nur wenig Zeit zuhause. Die Familien sind in ein enges Netz aus Nachbarn und Verwandten eingebunden, was einerseits entlastend wirken kann, andererseits aber auch enorme soziale Kontrolle und Druck aufbauen kann.

All diese genannten Gründe machen es der Familie vom Land also insgesamt schwerer, sich bei einer Familien- und Erziehungsberatungsstelle anzumelden. Die Berater müssen auf die Problematiken der ländlichen Familie also besonders reagieren und mit den Problem vertraut sein. Für viele Familien vom Land ist die Beratungssituation fremd und sie begegnen dem Berater mit einer gewissen Skepsis.

Insgesamt kann man also sagen, dass auf dem Land Beratungsstellen durchaus gebraucht werden, die Hemmschwellen zum Zugang müssen jedoch verringert werden. Die Beratungsstellen müssen bekannt gemacht werden und in den Alltag, beispielsweise in eine schon bestehende Arztpraxis integriert werden und Informationsmaterial zu Beratungsangeboten muss auch auf dem Land leicht zugänglich sein. Die Unterscheidung zwischen Stadt und Land ist jedoch immer noch schwierig zu erfassen, da beispielweise auf dem Land längst neben alt eingesessenen Bauernfamilien zugezogene Großstädter wohnen.

3 Ausgewählte Anwendungsbereiche der Erziehungsberatung

3.1 Trennung und Scheidung

Im Kinder- und Jugendhilfegesetz ist konkret verankert, dass Erziehungs- und Familienberatungsstellen auch bei Trennung und Scheidung unterstützen sollen. Die Beratungsstellen gehen zunehmend dazu über, Scheidungen als Prozess und nicht als endgültige Entscheidung zu sehen (vgl. Kurz-Adam 1995). Sie versuchen, die psychologischen, juristischen und sozialen Aspekte einer Scheidung zu beachten. Hier fällt auf, dass eine gewisse Interdisziplinarität innerhalb der Einrichtungen eigentlich unverzichtbar ist, jedoch in der Praxis aufgrund fehlender Mittel nur selten umgesetzt wird. Dann wird es also zur Aufgabe des Beraters, sich auch ein gewisses juristisches Grundwissen anzulesen, um Grundsatzfragen beantworten zu können, oder auf spezialisierte Rechtsanwälte verweisen zu können.

Trennung/Scheidung kann in drei Phasen unterteilt werden. In der ersten Phase, der Ambivalenzphase müssen die positiven den negativen Aspekten der Partnerschaft gegenübergestellt werden, Konflikte und Probleme müssen benannt werden und von Trennungswünschen angegrenzt werden (vgl. ebd.). Es muss eine Entscheidung getroffen werden, ob ein Neuanfang möglich ist. Bereits hier spielen juristische und finanzielle Aspekte in Bezug auf die Entscheidung eine Rolle.

In der eigentlichen Trennungs-/Scheidungsphase geht es für den Berater darum, den Klienten zu helfen, die Situation zu verarbeiten und zu bewältigen (vgl. ebd.). Die Ratsuchenden, Eltern wie Kinder, sollten angeregt werden, sich mit den Konflikten auseinanderzusetzen, Schulgefühle aufzuarbeiten, die Situation anzuerkennen und Trauer zuzulassen. Hier muss der Berater vor allem auch auf die Kinder eingehen und ihnen helfen, ihre Ängste und eventuellen Schuldgefühle zu äußern und zu verarbeiten. Doch auch den Eltern muss geholfen werden, die neue Lebenssituation zu akzeptieren und sich an sie anzupassen. Hier kommt auch die mediative Arbeit ins Spiel, denn zwischen den Elternteilen muss vermittelt werden. Der Berater sollte in Gesprächen versuchen ein einvernehmliches Miteinander unter Eltern und Kindern zu erzeugen und Regelungen im Umgang miteinander festzulegen, wobei vor allem die Bedürfnisse der Kinder beachtet werden sollten. Hier kann der Berater jedoch schnell an seine Grenzen stoßen, wenn bei beiden Eltern eine geringe Kommunikationsbereitschaft und dagegen ein hohes Konfliktniveau herrscht (vgl. ebd.).

In der Nachscheidungsphase sollte der Berater versuchen, den Eltern bei der neuen Identitäts- und Rollenfindung, der Bewältigung von Scham, Verlust und Schuldgefühlen, Aggression und Trauer zu helfen (vgl. ebd.). Dabei sollten die Kinder nicht als Partnerersatz fungieren und beiden Elternteilen sollte der Kontakt zum Kind ermöglicht werden.

3.2 Gewalt

Elterliche Gewalt kann verschiedene Formen annehmen: Vernachlässigung (mangelnde Ernährung und Fürsorge), körperliche Misshandlung (Schläge, Schütteln bei Babies), sexueller Missbrauch, seelische/emotionale Misshandlung (Ablehnung, Erniedrigung, etc.) (vgl. Hörmann u.a. 2008). Jegliche Form der Anwendung von Gewalt sollte dabei als Misshandlung betrachtet werden. Betrachtet man das Thema Gewalt innerhalb der Familie ist jedoch nicht nur die Gewalt gegen Kinder sondern auch der Partner untereinander gemeint. Auch sollte man nicht unbedingt nur die körperliche Gewalt in den Vordergrund stellen, sondern besonderes Augenmerk auf seelische, sexuelle, soziale und ökonomische Gewalt legen (vgl. ebd.).

Die genannten Gewaltformen können verschiedene Auswirkungen haben. Zu den Kurzzeitauswirkungen zählen äußere Merkmale, wie Kratzer, Quetschungen usw., Entwicklungsrückstände, psychosomatische Symptome, altersuntypisches Sexualverhalten, geminderte Lernbereitschaft, Konzentrationsschwierigkeiten und fehlende Fähigkeiten zur Konfliktbewältigung (vgl. ebd.). Zu den Langzeitfolgen zählen beispielsweise Angst- und Essstörungen, Depressionen oder aggressives Verhalten bei Frauen, bei Männern treten eher Störungen im Sozialverhalten auf (vgl. ebd.).

Kommen nun also Familien, in denen gewalttätiges Verhalten vorherrscht, in eine Beratungsstelle, so kann man durch verschiedene Beratungsmethoden versuchen, die Konflikte innerhalb der Familie zu lösen und/oder die Situation zu verbessern. Wendet man beispielsweise das Konzept der Familienmediation an, versucht man, gemeinschaftlich einen Lösungsweg zu entwickeln, mit dem alle Familienmitglieder einverstanden sind, es handelt sich also mehr oder weniger um einen Verhandlungsprozess. Die Mediation beruht immer auf Freiwilligkeit und beinhaltet das Recht aller Anwesender jederzeit die Konfliktlösung abzubrechen (vgl. ebd.).

Das Konzept der Familienaktivierung hingegen geht davon aus, "dass die Familien selbst über die notwendigen Ressourcen, Potentiale und Kapazitäten für eine Verhaltensmodifikation verfügen" (Hörmann 2008). Die Familien seien also immer bestrebt, das Beste zu tun, was ihnen möglich ist. Ziel ist es also nicht, die Eltern zu ersetzen, sondern mit ihnen zu kooperieren und zusammen zu arbeiten (vgl. Hörmann 2008). Dieses Konzept wendet man insbesondere an, wenn eine Fremdunterbringung der Kinder droht oder die Eltern auf eine Rückführung der Kinder vorbereitet werden sollen.

4 Systemisches Elterncoaching

Das systemische Elterncoaching ist eine Methode, um eine bessere Kommunikation mit den Eltern und eine bessere Begleitung der Familien innerhalb der Beratung zu gewährleisten. Die Berater versuchen gemeinsam mit den Eltern neue Blickpunkte und kreative Lösungen für die immer gleichen Konfliktsituationen zu erarbeiten. Der Berater als "Coach" fungiert nun nicht mehr als Fachkraft, sondern begibt sich auf die Ebene des Klienten und vermeidet Bewertungen und Interpretationen (vgl. Romeike u.a. 2010).

Kinder suchen Nähe und brauchen Geborgenheit, gleichzeitig streben sie jedoch mit zunehmendem Alter auch nach Autonomie und Eigenständigkeit. Die Eltern wollen ihre Kinder leiten und lenken, sie gleichzeitig aber auch zu selbstständigen Persönlichkeiten erziehen (vgl. ebd.). Hier entstehen im Alltag dann Konflikte, wenn die Eltern sich mit ihren vielfältigen Aufgaben überfordert fühlen. Sie spüren ihre eigenen Bedürfnisse nicht mehr und fühlen sich inkompetent zu handeln (vgl. ebd.). Hier unterstützt das Elterncoaching die Eltern dabei, sich ihrer Aufgaben wieder bewusst zu werden, ohne dabei ihre eigenen Bedürfnisse aufzugeben. Der Coach sucht eine Verbindung zu den Eltern, gibt ihnen Feedback und stärkt die Positionen der Kinder und Eltern (vgl. ebd.). Es geht darum, neue Wege aus dem alltäglichen Teufelskreis zu finden, auf die die Familie in Konfliktsituationen zurückgreifen kann. Eltern und Kinder sollten sich dabei positives Feedback geben (vgl. ebd.).

Durch das Elterncoaching bekommen die Eltern eine neue Sichtweise auf die Erziehung ihrer Kinder und werden in ihrer Elternrolle gestärkt. Auch durch den Austausch mit anderen Eltern erhalten sie ein neues Bewusstsein für ihre Fähigkeiten und Ressourcen (vgl. ebd.). Im Elterncoaching wird also die elterliche Erziehungskompetenz gestärkt. Doch was heißt das für den Berater? Er muss sich vor allem fragen, was die Eltern brauchen, um ihre Kinder auf ihrem Lebensweg begleiten zu können. Er muss sich auch fragen, wie er dazu beitragen kann, die Eltern soweit zu stärken und zu motivieren, dass sie neue Kräfte aktivieren und im Familienalltag umsetzen können (vgl. ebd.).

Durch zirkuläres Fragen können Konfliktsituationen in ein neues Blickfeld gerückt werden. Die Eltern werden angeleitet sich in ihre Kinder hineinzuversetzen und sollten auch darüber nachdenken, was die Kinder wohl in der Konfliktsituation über sie denken. Dies kann beim Elterncoaching zum Beispiel durch Rollenspiele geübt werden, in denen die Eltern die Rolle der Kinder übernehmen.

Elterncoaching findet meist in Gruppen statt, da so die Teilnehmer voneinander lernen können. Die Eltern erzählen sich gegenseitig kritische Erziehungssituationen und werden damit zum Mittelpunkt des Coachings, der Berater hält sich zurück. Bei positiven Erfahrungen anderer Teilnehmer werden Eltern animiert, neue Methoden auszuprobieren. Der Coach sollte natürlich immer Respekt und Interesse zeigen, um die Eltern mit Wertschätzung zu motivieren, diese auch ihren Kindern gegenüber zu bringen (vgl. ebd.).

Das Coaching soll den Eltern helfen, konkrete Ziele zu formulieren. Sie sollen sich also klar werden darüber, was das Kind tun oder nicht tun sollte und mit welchen Mitteln sie dieses Ziel erreichen können. Die Ziele, Konsequenzen und Regeln sollten klar formuliert werden und natürlich innerhalb der Familie besprochen werden (vgl. ebd.). Hier kann es helfen, die Regeln zu verschriftlichen und für alle Familienmitglieder gut sichtbar aufzuhängen, bei jüngeren Kindern sollte dies natürlich in bildlicher Form erfolgen.

5 Fallbeispiel aus der systemischen Beratung

Fallbeispiel siehe Anhang

Der Berater lädt also die gesamte Familie zu sich in die Beratungsstelle ein. Die Eltern beginnen sofort, Max Vorwürfe zu machen und versuchen den Berater auf ihre Seite zu ziehen indem sie ihn um Zustimmung und Bestätigung bitten. Der Ansatz der systemischen Beratung fordert jedoch, von Anfang an nach Ressourcen zu suchen und nicht in Vorwürfen zu versinken. Demnach will der Berater also von der Familie wissen, wann Max sich das letzte Mal positiv verhalten habe oder welche Ideen sie haben, um etwas zu verändern. Nun gilt es für den Berater weiterhin herauszufinden, welche Ziele mit der Beratung erreicht werden sollen und was sich jedes Familienmitglied davon erhofft. Diese Ziele sollten auf die drei wichtigsten be-schränkt werden. So will Herr F. ein besserer Vater und Vorbild sein, Max will sich ruhiger und gewaltlos bei Konflikten behaupten und die Töchter wollen der Mutter mehr bei der Versorgung von Thomas helfen. Es ist jedoch nicht die Regel, dass sich alle Familienmitglieder kooperativ in die Beratung einbringen und es kann mehrere Sitzungen dauern, um alle zu überzeugen, dass sie am gleichen Strang ziehen müssen.

Der Berater vereinbart nun also mehrere Gesprächstermine über ein halbes Jahr, nach der Hälfte der Zeit sollte überprüft werden, ob schon Zielsetzungen erreicht wurden. Für Familie F. ist wichtig, innerhalb der Familie respektvoll miteinander umzugehen. Der Berater kann die Familie nach Situationen fragen, in denen die Familie zusammengehalten hat und in der sich alle aufeinander verlassen konnten. Die Familie sollte sich dieser Kompetenz bewusst werden und versuchen diese in Konfliktsituationen zu nutzen.

Der Berater könnte die Familie auch fragen, ob sie andere Familie kennt, die sie zum Vorbild nehmen könnte. Es werden nun Zwischenziele vereinbart und die Hoffnungen der Familie auf eine Besserung der Familiensituation wird vom Berater unterstützt. Jedes Familienmitglied wird angeregt, sich mit Gleichaltrigen auszu-tauschen und Unterstützung zu suchen. So könnte sich Max mit Hilfe eines Gleich-altrigen beispielsweise in einem Sportverein anmelden, in dem er diszipliniertes Training lernt. Die Eltern könnten einen regelmäßigen Austausch mit Max' Lehrer vereinbaren, um sich über seine Fortschritte zu informieren. Max' aggressives Verhalten lässt zunehmend nach und er besucht einen Nachhilfeunterricht.

Nach den drei Monaten wird ein Zwischenfazit gezogen. Herr F. tritt nun häufiger als Vater auf und zeigt Max ruhig seine Grenzen. Auch mit Frau F. spricht er sich nun besser ab und die Verwandtschaft ist ihm eine große Hilfe. Max empfindet die Mitgliedschaft im Sportverein als Bereicherung und er will nun eine Ausbildung beginnen. Die Mutter wird durch die Töchter entlastet, hat mehr Zeit für sich selbst und kann dadurch auch gelassener mit Max umgehen. Mutter und Vater arbeiten nun als eine Einheit zusammen.

Nun gilt es, die erreichten Erfolge in weiteren Terminen zu festigen und auch die anderen Kinder sollen weiter in den Vordergrund gerückt werden, um neuen Konflikten vorzubeugen. Die Familie sollte versuchen ein neues Gleichgewicht zu finden und jedem Familienmitglied seinen Platz zuzugestehen. Nach Ablauf der drei Monate kann dann entschieden werden, wie weiter verfahren wird.

Dies ist natürlich der Fall, wie eine systemische Beratung optimalerweise ablaufen sollte oder könnte.

6 Schlusswort

Alles in Allem hat die Erziehungsberatung also viele Facetten. Jeder Ansatz, jede Theorie, jede Methode hat ihre Berechtigung, doch nicht bei jeder Familie ist jeder Ansatz erfolgreich. Es kommt also auch enorm auf das Gespür, das Feingefühl, die Menschenkenntnis des Beraters an. Der Erfolg einer Erziehungs- und Familienberatung steht und fällt also mit dem Berater. Dieser sollte viel Erfahrung und Qualifikationen mitbringen und sich ständig mit anderen Therapeuten und Beratern austauschen, nur dann kann den Familien langfristig geholfen werden.

7 Literaturverzeichnis

Hundsalz, Andreas (1995): Die Erziehungsberatung. Grundlagen, Organisation, Konzepte und Methoden. Weinheim, München: Juventa-Verlag.

Kurz-Adam, Maria; Post, Ingrid (Hrsg.) (1995): Erziehungsberatung und Wandel der Familie. Opladen: Leske + Budrich.

Hörmann, Georg; Körner, Wilhelm (Hrsg.) (2008): Einführung in die Erziehungsberatung. Stuttgart: Kohlhammer.

Körner, Wilhelm; Görmann, Georg (1998): Handbuch der Erziehungsberatung Band 1. Anwendungsbereiche und Methoden der Erziehungsberatung. Göttingen u.a.: Hogrefe.

Körner, Wilhelm; Görmann, Georg (1998): Handbuch der Erziehungsberatung Band 2. Praxis der Erziehungsberatung. Göttingen u.a.: Hogrefe.

Flügge, Ingrid (1991): Erziehungsberatung. Zur Theorie und Methodik. Ein Beitrag aus der Praxis. Göttingen u.a.: Hogrefe.

Romeike, Gerd; Imelmann, Horst (Hrsg.). (2010): Eltern verstehen und stärken. Analysen und Konzepte der Erziehungsberatung. München u.a.: Juventa-Verlag.

Göppel, Rolf (1998): Eltern, Kinder und Konflikte. Stuttgart: Kohlhammer.

Kaisen, Ralf (1992): Erwartungen an die Erziehungsberatung. Inhalte und Auswirkungen der Wünsche und Vermutungen von Klienten und Beratern. Münster u.a.: Waxmann.

Menne, Klaus (Hrsg.) (1998): Qualität in Beratung und Therapie. Evaluation und Qualitätssicherung für die Erziehungs- und Familienberatung. Weinheim, München: Juventa-Verlag.

8 Anhang

Eine besorgte Lehrerin meldet sich bei der Familien- und Erziehungsberatungsstelle, da der 11-jährige Max sich in der Schule aggressiv und auffällig verhält. Er ist gewalttätig anderen Schülern gegenüber und auch gegenüber den Lehrern äußert er sich mit Worten auf aggressive Weise. Er hat noch vier weitere Geschwister. Christian ist 17 und sitzt aufgrund von Gewalttaten derzeit im Gefängnis. Tina ist 16 und geht in die Hauptschule. Nadja ist 13 und das Musterkind der Familie, sie geht aufs Gymnasium. Peter ist 7 und körperlich behindert, er braucht viel Aufmerksamkeit und Pflege. Herr F. arbeitet in einer Fabrik, Frau F. ist Hausfrau. Sie ist überfordert damit, Peter zu pflegen und gleichzeitig Max seine Grenzen aufzuzeigen. Max macht meist was er will und lacht die Mutter aus, wenn die versucht ihn zu bremsen. Die Mutter droht Max mit dem Vater, dieser wiederum weiß sich nur noch mit Schlägen durchzusetzen. Sonst hält er sich meist bei Konflikten zurück, lässt die Mutter allein und zeigt eher Gleichgültigkeit.